MÉMOIRE

SUR

L'HISTOIRE ANCIENNE DU JAPON,

D'APRÈS LE OUEN HIEN TONG KAO

DE MA-TOUAN-LIN,

PAR

LE MARQUIS D'HERVEY DE SAINT-DENYS,

PRÉSIDENT DE LA SOCIÉTÉ D'ETHNOGRAPHIE.

PARIS.

IMPRIMERIE NATIONALE.

M DCCC LXXII.

MÉMOIRE

SUR

L'HISTOIRE ANCIENNE DU JAPON,

D'APRÈS LE OUEN HIEN TONG KAO

DE MA-TOUAN-LIN[1].

Les immenses documents que nous ont laissés les écrivains chinois des siècles passés ont été et seront toujours la mine la plus féconde à exploiter pour bien connaître, non pas seulement la Chine ancienne, mais aussi l'histoire et la géographie des nations plus ou moins rapprochées de leurs frontières avec lesquelles les anciens Chinois furent en relation. Parmi ces documents précieux il en est un qui demeure encore le plus riche, malgré les nombreux emprunts qu'on lui a faits. Je veux parler du *Ouen hien tong kao*, ou *Recherche approfondie des anciens monuments*, ouvrage composé au XIIIe siècle de notre ère par Ma-touan-lin, le critique

[1] Lu à l'Académie des Inscriptions et Belles-Lettres, dans les séances des 20 octobre, 10 novembre, 17 novembre 1871.

le plus judicieux que la Chine ait possédé, selon l'appréciation d'un savant illustre, J.-B. Biot, dont la bienveillance paternelle fut le grand encouragement de mes premiers travaux.

Le Père Cibot a puisé abondamment dans ce recueil, en oubliant de le citer; Visdelou y a pris ses *Notices sur différents peuples de la Tartarie;* de Guignes en a tiré le plus grand nombre des matériaux qu'il a mis en œuvre dans son *Histoire des Huns, des Turcs, des Mogols et des autres Tartares occidentaux;* Klaproth l'a feuilleté en vingt endroits pour composer ses *Tableaux de l'Asie;* Rémusat, enfin, nous a donné, dans ses *Mélanges asiatiques*, la traduction de courtes notices sur quelques peuples du Tibet et de la Boukharie, également extraites du *Ouen hien tong kao.* Ce fonds inépuisable devant me fournir à moi-même aujourd'hui les documents nouveaux que je me propose de communiquer à l'Académie, il ne sera pas inopportun, je crois, de rappeler tout d'abord comment le savant sinologue que je viens de nommer en dernier lieu a jugé l'écrivain chinois et apprécié son grand travail.

« La *Recherche approfondie des anciens monuments*, ou collection d'extraits sur toute sorte de matières, dit Rémusat, est un des ouvrages les plus importants et les plus curieux que les Européens puissent consulter. L'auteur suit l'ordre des temps et dispose chronologiquement, sans en changer les termes, tous les documents qu'il a recueillis. On ne peut se lasser d'admirer l'immensité des recherches qu'il lui a fallu pour amasser tous ces matériaux, la sagacité qu'il a mise à les classer, la clarté et la précision avec lesquelles il les présente. On peut dire que cet excellent ouvrage vaut à lui seul une bibliothèque, et quand la littérature chinoise n'en offrirait pas d'autre, il vaudrait la peine qu'on apprît le chinois pour le lire.

« Le *Ouen hien tong kao* avait été commencé par un lettré du VIIIe siècle, qui avait traité séparément de tous les sujets propres à former une vaste encyclopédie; mais il s'était arrêté à l'an 755. Ma-touan-lin entreprit de revoir cette œuvre ébauchée, de la corriger, de l'amplifier, de la compléter pour l'espace de temps qu'elle embrassait et de la continuer dans toutes ses parties jusqu'en 1224; de sorte qu'il y enferma la substance de toutes les connaissances acquises par les Chinois, depuis *Yao* et *Chun* jusqu'à la dynastie des *Song* méridionaux, c'est-à-dire depuis le XXIVe siècle avant Jésus-Christ jusqu'au XIIIe siècle de notre ère.

« Les vingt-cinq derniers livres de *Ouen hien tong kao,* qui en contient trois cent quarante-huit, sont consacrés à la description historique et ethnographique des contrées connues des Chinois, en dehors de leur empire, et cette partie renferme une foule de notions intéressantes, sous tous les rapports les plus importants, et dans tout ce qui est relatif aux religions, à la législation, à l'économie morale et politique, au commerce, à l'agriculture, à l'histoire naturelle, à l'histoire, à la géographie physique et à l'ethnographie. On ne saurait trop regretter qu'on ne se soit pas encore occupé d'exploiter cette mine précieuse, où toutes les questions qui peuvent concerner l'Asie orientale trouveraient leur solution. La traduction de cette géographie historique, avec les notes et les suppléments nécessaires, pourrait former, il est vrai, quatre gros volumes in-4°. »

Telle fut l'appréciation de Rémusat, qui s'était proposé d'entreprendre lui-même ce long travail, mais que d'autres occupations en détournèrent. Le vœu qu'il avait formé, je me suis efforcé de l'accomplir. J'ai entrepris la traduction *in extenso* des vingt-cinq livres de Ma-touan-lin concernant les peuples étrangers à la Chine, persuadé que tout retranchement ou toute analyse pourrait supprimer des détails d'une importance éventuelle très-difficile à préjuger. Mon premier volume est sous presse. Il renferme les notices consacrées à l'extrême Orient, partie presque entièrement inédite, car la section des régions situées à l'occident de la Chine est la seule à laquelle il ait été fait de nombreux emprunts par les savants que j'ai mentionnés. Le Japon occupe naturellement une large place dans ce volume, et c'est un pays qui attire maintenant l'attention universelle. Je vais me placer sur ce terrain pour comparer les documents recueillis en Europe jusqu'à ce jour avec ceux que nous fournit Ma-touan-lin; on jugera par ce spécimen de l'intérêt que l'ensemble de mon travail pourra présenter.

Un fait qui surprend tout d'abord, quand on

jette un premier coup d'œil sur la chronologie japonaise, fournie originairement par Kæmpfer, adoptée par de Guignes et Klaproth et reproduite avec quelques corrections par M. de Rosny, c'est de voir qu'après avoir fixé au règne de *Sin-bou* ou *Zin-mou*, en chinois *Chin-vou*, l'an 660 avant notre ère, le commencement de la période historique, de l'histoire véritable, selon l'expression de Klaproth, on nous présente, durant une période de plus de mille ans (de 660 avant J. C. à 399 de notre ère), une série de souverains presque tous centenaires, régnant de 60 à 80 ans en moyenne, et ne quittant parfois le trône pour descendre dans la tombe qu'après avoir compté 140 et même 150 ans parmi les vivants. *Chin-vou* meurt à 137 ans, selon les uns, ou 157 ans, selon d'autres. On veut bien conserver quelques doutes à son égard. *Kô-an*, en chinois *Hiao-ngan*, atteint 137 ans. Quatre de ses successeurs parcourent ensemble une carrière de plus de cinq siècles. Si de tels exemples de longévité se rapportaient à l'époque des patriarches, cela pourrait donner à réfléchir. Mais alors qu'il s'agit des contemporains de Cyrus, d'Alexandre, et même de Constantin, on éprouve quelque chose de plus que des doutes, et l'on a peine à se contenter de cette explication, donnée sous forme de note, que le Japon soit une contrée dans laquelle il existe beaucoup de vieillards.

L'idée qui vient immédiatement à l'esprit, c'est que la trace d'un bon nombre des vieux souverains du Japon s'étant perdue, on a dû, pour combler les lacunes laissées par eux dans l'histoire, prolonger et souder l'un à l'autre les règnes dont le souvenir s'était conservé. Klaproth avait évidemment ce soupçon quand il écrivait : « De 660 avant J. C. jusqu'à l'an 400 après cette époque, ou pendant une suite de 1060 ans, l'histoire du Japon ne compte que dix-sept empereurs, nombre trop peu considérable pour un si grand espace de temps. » Mais ce qui n'était pour Klaproth qu'une hypothèse très-vraisemblable, Ma-touan-lin nous le démontrera comme une réalité.

L'écrivain chinois relate exactement toutes les ambassades envoyées par le Japon à la Chine; il nomme les princes dont elles apportaient l'hommage ou le tribut, sans négliger de consigner les dates. Il nous suffira donc de vérifier s'il y a concordance entre le souverain qu'il mentionne et celui que la chronologie adoptée par les japonistes indique comme régnant à la même époque. Nous ne pourrons, il est vrai, porter ce mode d'investigation plus haut qu'au IIe siècle de notre ère, parce que Ma-touan-lin ne signale l'ambassade d'aucun mikado avant l'an 107, mais nous tomberons du moins très-heureusement, dès le début de nos recherches, en constatant que la chronologie des centenaires indique, précisément à cette date, le règne d'un prince âgé déjà de 117 ans (*Keï-kô*, en chinois *King-hang*, qui devait en vivre 140), sans mentionner en aucune sorte le souverain *Choui-ching*, celui qui envoyait l'ambassade de l'an 107, et dont Ma-touan-lin nous a conservé le nom.

La dissemblance entre ces deux noms de *King-hang* et de *Choui-ching* est telle, qu'elle semble bien écarter *a priori* toute pensée de les identifier. J'ai prié cependant le professeur de japonais à l'École des langues orientales de vouloir bien vérifier si *Keï-kô* ne serait pas désigné dans les annales du Japon par quelque titre ou dénomination secondaire pouvant expliquer ici un désaccord qui ne serait qu'apparent. Sa réponse m'a prouvé qu'il n'y avait pas de confusion possible et qu'il s'agissait bien de deux empereurs différents.

La transformation des noms propres qui ont passé d'une langue dans une autre, et particulièrement dans la langue chinoise, est souvent une cause d'embarras sérieux. On songe d'abord à se garder des équivoques, et l'on hésite ensuite à se servir soi-même, ou de la forme chinoise, forme parfois bien déguisée, ou de l'orthographe adoptée par les spécialistes de la langue à laquelle les noms propres appartiennent, orthographe qui ne laisse pas d'offrir aussi des variations. A l'égard des noms japonais qui vont se présenter dans ce mémoire, je n'aurais pas toujours la liberté d'opter entre ces deux méthodes, puisque le texte de Ma-touan-lin nous révélera des personnages nouveaux, inconnus par conséquent sous d'autres noms que ceux que l'auteur chinois leur donne. Cette considération, jointe au désir de procéder avec une certaine unité, me fera désigner ici par leur dénomination chinoise les souverains japonais dont il sera parlé, sauf à modifier ce système[1], s'il y a lieu, dans un corps d'ouvrage imprimé, avec éclaircissements et notes. Cette réserve étant faite, je reprends la confrontation du texte de Ma-touan-lin avec celui de la chronologie établie, et j'arrive à un second exemple qui n'a pas besoin d'être commenté.

L'impératrice du Japon appelée en chinois *Pi-mi-hou* monte sur le trône au commencement du IIIe siècle, et envoie plusieurs ambassades à la cour

[1] L'orthographe qu'il convient d'adopter pour représenter les prononciations d'une langue dépourvue d'éléments alphabétiques, comme est la langue chinoise, présente elle-même de sérieuses difficultés. Chaque sinologue a la sienne et quelquefois en a plusieurs, ce qui, entre autres inconvénients nombreux, offre celui de rendre méconnaissable pour toute personne étrangère à la philologie chinoise (c'est-à-dire pour la grande majorité des lecteurs) tel nom de personnage ou tel nom de lieu suivant qu'il est mentionné par tel ou tel auteur. Les Portugais, les Anglais, les Allemands ont orthographié selon le génie de leur alphabet; quelques savants ont mélangé ces différents systèmes; on a voulu marquer tous les accents et toutes les intonations de la langue parlée et peu à peu l'on est arrivé à une orthographe très-compliquée, très-peu française, dont je n'apprécie point l'utilité.

J'examine et je discute cette question dans la préface de ma traduction de Ma-touan-lin, afin de justifier la méthode de transcription à laquelle je me suis arrêté. En attendant, le lecteur est prévenu que l'orthographe suivie pour l'impression de ce mémoire est celle du dictionnaire de Basile, non que cette orthographe me paraisse devoir être acceptée sans aucune rectification, mais parce qu'elle a du moins, dans son ensemble, l'avantage d'être à la fois la plus simple et la plus propre à donner approximativement, dans une publication française, une juste idée des prononciations que les Chinois attachent à leurs caractères.

de Chine. Sur ce premier point, accord complet. Mais la chronologie que nous examinons fait vivre et régner l'impératrice *Pi-mi-hou* jusqu'à l'an 269, en lui concédant une longévité de 100 années, et c'est ici que l'auteur du *Ouen hien tong kao* nous apporte victorieusement la lumière si nette de ses indications précises.

« La huitième année (chinoise) *tching-chi*, écrit-il, c'est-à-dire l'an 246, comme le gouverneur *Ouang-ki* venait d'entrer en fonctions (à *Taï-fang*), l'impératrice *Pi-mi-hou*, qui avait des différends avec le roi du royaume de *Keou-nou*, appelé *Pi-mi-kong*, envoya au chef-lieu du gouvernement de *Taï-fang*, afin d'exposer les motifs de la guerre engagée entre elle et son voisin. Alors il y eut un ambassadeur chinois qui partit avec sa suite pour notifier à l'impératrice *Pi-mi-hou* les volontés de l'empereur. Quand cette impératrice mourut, un prince lui succéda; mais le peuple n'étant pas satisfait, la guerre civile éclata. On prit pour impératrice une jeune fille de la race de *Pi-mi-hou*, appelée *Y-yu* et âgée de treize ans. Ensuite la paix fut rétablie dans tout le royaume. La nouvelle impératrice nomma des ambassadeurs pour reconduire les envoyés chinois et pour offrir en même temps, comme présents, des esclaves des deux sexes, des perles, des pierres précieuses de couleur verte appelées *ta-kiu-tchu*, et aussi diverses étoffes de soie rayée de plusieurs couleurs.

« Sous le règne de *Vou-ti*, des *Tçin*, au commencement des années *taï-chi* (vers 265), il arriva encore des ambassadeurs (de cette impératrice *Y-yu*) avec des présents. Ils étaient accompagnés de deux interprètes. »

Ainsi, les envoyés chinois qui s'étaient rendus au Japon, l'an 246, porteurs de lettres de l'empereur de Chine à l'impératrice du Japon *Pi-mi-hou*, furent reconduits et accompagnés dans leur pays par les soins d'une autre impératrice qui venait de remplacer *Pi-mi-hou* sur le trône. Cette nouvelle impératrice envoyait encore des ambassadeurs dix-huit ans plus tard. Tout ce dernier règne est omis dans la chronologie des japonistes, qui n'a pas même recueilli le nom de l'impératrice *Y-yu*, mais qui ne s'embarrasse pas de prolonger le règne précédent jusqu'à l'époque où elle tient le nom d'un successeur.

Ce successeur, c'est *Wô-zin*, en chinois *Yng-chin*, à qui les dieux et la chronologie accordent une vie de 111 ans. Il a pour héritier *Jin-te*, qui ne vit qu'un an de moins que son père et gouverne 87 ans.

Une remarque qui serait assez curieuse à noter, si la généalogie de ces mikado pouvait être prise au sérieux, c'est qu'ils se seraient tous mariés bien tard, ou que la longévité dont jouissaient les pères aurait bien rarement accompagné les aînés de leur race, car, en cherchant, par un calcul très-simple, à quel âge chacun de ces souverains japonais voit naître le futur héritier de son trône, on trouve constamment les chiffres de 80, 86, 88, et même, une fois, celui de 106 ans.

Jin-te est, du reste, le dernier des princes centenaires, au nombre de treize, que l'on rencontre durant un laps de 1,059 ans. Il meurt en 399, et, dès lors, la longueur des règnes n'offre plus rien d'extraordinaire, ce qui révèle plus de suite dans la tradition. Ne croyons pas cependant que la tradition japonaise s'accordera toujours, à partir de cette époque, avec les indications chinoises. L'intermittence des renseignements puisés par Ma-touan-lin dans les relations des ambassades japonaises reçues à la cour de Chine ne nous permet de contrôler que de loin en loin les documents d'une autre source; mais, tout incomplet que soit ce mode d'investigation, il ne laissera pas de nous fournir encore, jusqu'au VIIIe siècle, des résultats analogues à ceux que je viens de rapporter.

En 416, 421 et 425, des ambassades japonaises arrivent à la cour de Chine, envoyées par l'empereur du Japon que les Chinois ont appelé l'empereur *Tsan*. Ma-touan-lin en fait mention, sans contredire encore la chronologie des japonistes, puisqu'elle place l'avénement de l'empereur *Tsan* au commencement de l'année 412. Mais les annales chinoises nous apprennent en outre que, l'an 430, l'empereur *Tsan*, étant mort, eut pour successeur son frère cadet appelé *Tchin*, lequel envoya notifier son avénement à l'empereur chinois *Ouen-ti;* puis, que l'empereur *Tchin* étant mort à son tour, la vingtième année *youen-kia*, c'est-à-dire l'an 444, l'héritier de ce prince, appelé *Tsi*, imita l'exemple de ses prédécesseurs, envoyant des ambassadeurs, offrant des présents et notifiant les titres qu'il avait pris. Pour la chronologie actuellement admise ces deux règnes n'ont point laissé de trace; l'empereur *Tsan* règne toujours.

Ce n'est pas tout. Nous arrivons à l'année 463. L'empereur *Tsan* est mort enfin, et la chronologie en question lui a donné l'empereur *Vou* pour successeur; mais le *Ouen hien tong kao*, en relatant le séjour à la cour de Chine de deux ambassades japonaises, l'une de l'année 463, et l'autre de l'année 478, spécifie nettement que si la seconde appartenait en effet à cet empereur *Vou*, la première, celle de 463, avait été envoyée par son frère aîné l'empereur *Hing*, qui avait occupé le trône avant lui et qui était mort en 477. Le règne de l'empereur *Vou* a donc subi dans la chronologie japonaise une extension en sens inverse de ceux qu'on vient de citer. L'époque en a été avancée pour combler le vide de l'empereur *Hing*, dont le souvenir était perdu.

On m'a fait cette remarque que peut-être les Japonais des siècles voisins de l'ère chrétienne ont eu des souverains auxquels le titre de mikado n'a pas été officiellement reconnu, et qu'ils ont pu omettre volontairement de les inscrire dans la chronologie impériale, en continuant de mentionner le dernier souverain dûment reconnu, jusqu'à l'avénement de son successeur également officiel. Le fait n'est pas impossible; mais il expliquerait comment l'obscurité s'est produite à l'origine, sans diminuer l'intérêt historique qu'il y avait à la dissiper. Admettons que les choses se soient passées de la sorte; si les Japonais des temps modernes en avaient eu connaissance, ils auraient indiqué des interrègnes, au lieu de créer des centenaires et d'accepter ensuite de très-bonne foi ces phénomènes de longévité. Une chronologie de la Chine et du Japon intitulée *Sin-sen-nen-fiô*, très-estimée des Japonais, et dont j'ai dû la communication à l'obligeance de M. de Rosny, accepte comme historiques les centenaires. Dix-sept recueils d'annales, que M. de Rosny a bien voulu consulter aussi, sont unanimes sur ce point. D'ailleurs, une preuve irrécusable de la croyance sincère des Japonais à ces existences séculaires se trouve consignée dans leurs chroniques, à propos du règne de *Yng-chin* (*Wô-zin*) qu'ils donnent pour successeur à une impératrice de cent ans, en le faisant vivre lui-même plus d'un siècle, grâce aux lacunes que nous comblons. La chronique japonaise dit que ce prince avait un ministre appelé *Ki-vou-noui*, qui vécut 307 ans. Voilà donc un ministre qui l'emportait encore de beaucoup sur son maître, et cela sans raison politique, par la seule vertu de son temps. Kæmpfer a supprimé ce détail, mais il n'en figure pas moins dans le texte chinois que j'ai sous les yeux.

Je ne fatiguerai pas l'attention de l'Académie par

l'énumération des divers rapprochements que j'ai pu faire et qui seront consignés dans un travail plus étendu. L'exposé de vive voix en serait monotone. Je dirai seulement que le nombre des souverains retrouvés par la méthode indiquée est déjà de six, entre l'année 107 et l'année 670 de notre ère, et que la mention de l'un d'eux m'ayant été fournie incidemment par Ma-touan-lin, dans une autre notice que celle du Japon (celle de la Corée), je ne désespère pas, en poursuivant mes traductions, d'augmenter encore peu à peu la liste de ces restitutions. Toutefois, comme la précision de l'écrivain chinois sur lequel je m'appuie est pour beaucoup dans le degré de confiance qu'il doit inspirer, je demanderai, avant d'aller plus loin, la permission de donner quelques spécimens de sa méthode, de son style, et de sa manière d'exposer les faits.

La notice sur le Japon commence par une description géographique de ce pays, d'après l'ensemble des documents recueillis en Chine au temps de Ma-touan-lin. Elle dit ensuite que les relations entre le Japon et la Chine remontent à l'époque où l'empereur chinois *Vou-ti*, des *Han*, fit la conquête du *Tchao-sien*, en d'autres termes au second siècle avant J. C. L'auteur trace un premier tableau des mœurs et de la civilisation japonaises, suivant les renseignements les plus anciens qu'il ait découverts, lesquels renseignements appartiennent, selon toute apparence, à l'époque qu'on vient d'indiquer. Ces anciens Japonais étaient tatoués sur le visage et même sur le corps. Ils marchaient nu-pieds, mangeaient avec les doigts et n'avaient pour armes que des lances, des arcs en bois et des flèches garnies d'un os pointu au lieu de fer. Ils ne possédaient ni bœufs, ni chevaux, ni moutons, ni poules, et cependant ils élevaient déjà des vers à soie dont ils savaient tirer parti en tissant des étoffes de soie écrue. Ils buvaient des liqueurs fermentées, et enterraient leurs morts dans des cercueils. On remarquait déjà chez eux cette particularité ethnologique qui a été constatée depuis à diverses reprises, à savoir que les naissances des filles dépassaient sensiblement en nombre celles des garçons.

Au second siècle de notre ère, des ambassades périodiques s'établissent; des voyageurs chinois pénètrent au Japon, et Ma-touan-lin nous donne l'itinéraire très-détaillé de la route qu'on suivait au temps de l'empereur *Ouen-ti* (227-238) pour se rendre de la cour de Chine à la capitale du Japon. Ces voyages amènent l'auteur à parler des pays plus éloignés dont les Japonais avaient connaissance, ou que des navigateurs chinois purent visiter. Il est question de sauvages complétement nus, de barbares qui ont les dents noires, et aussi de nègres anthropophages. J'aurai plus tard à examiner les notices spéciales que le *Ouen hien tong kao* leur aura consacrées.

Chaque ambassade est relatée avec son contingent de faits nouveaux. Celle de l'an 601 apporte un tableau du Japon intéressant à comparer avec celui qui comptait déjà sept ou huit siècles. Ma-touan lin s'exprime ainsi :

« Après la pacification du pays de *Tchin*, la vingtième année (chinoise) *kaï-hoang* du règne de *Ouen-ti* des *Soui* (601), le roi du Japon, qui s'appelait de son nom d'honneur *Ngo-meï*, de son prénom *To-li-sse-pi-kou*, et de son surnom *Ngo-peï-ki-mi*, envoya une ambassade à la cour. L'empereur (de Chine) ordonna que le fonctionnaire chargé de recevoir les ambassadeurs étrangers prît des informations auprès d'eux sur tout ce qui concernait leur pays. Or, les ambassadeurs japonais rapportèrent ce qui suit :

« La première femme de leur roi s'appelait *Ki-mi-mo-kouan*. Le roi avait des concubines au nombre de 6 à 700. Le prince héritier, son fils, s'appelait *Li-ko-mi-to-fou-li*. Dans leur royaume, il n'existait point de villes entourées de murailles. Les mandarins de l'intérieur étaient de douze classes, dont voici les titres par ordre..... (Suit l'énumération de ces titres, avec des détails minutieux sur les fonctions de chaque mandarin.)

« Pour le costume, les hommes sont habillés d'une sorte de jupe courte, avec un petit vêtement supérieur à manches étroites. Leurs chaussures ressemblent à des sandales de paille; ils les vernissent et les attachent sur le dessus du pied. Les gens du peuple restent nu-pieds, pour la plupart. Il leur est interdit d'employer l'or ou l'argent comme ornement dans leur costume. Ils ne portaient point de chapeau, ils laissaient tomber simplement leurs cheveux sur les côtés de la tête; mais sous la dynastie (chinoise) des *Soui* (581-617), leur roi a commencé à introduire l'usage de grands bonnets faits de très-riches étoffes, et ornés de fleurs d'or et d'argent ciselé. Les femmes attachent leurs cheveux derrière la tête. Elles sont vêtues, comme les hommes, d'une jupe et d'un habit court. Le vêtement inférieur est toujours garni d'une bordure de couleur tranchante.

« Les Japonais fabriquent des peignes en bois de bambou et aussi des nattes de paille tissée, entremêlant à la paille des bandes de cuir qui forment à l'extérieur des rayures et des dessins de diverses couleurs. Ils ont des arcs, des flèches, des sabres, des lances, des arbalètes et des haches d'armes. Cependant ils ne font pas la guerre. Dans les réceptions à la cour, le roi expose seulement ses armes de cérémonie.

« Les homicides, les brigands et les adultères sont tous condamnés à mort. Le voleur doit payer une indemnité proportionnée à la chose volée. S'il ne peut pas s'acquitter, il paye de sa personne; il est réduit en servitude. Les autres crimes et délits sont punis par l'exil et la bastonnade. Pour savoir si un accusé est coupable, quand il refuse d'avouer, on lui donne la question en lui serrant les genoux entre deux morceaux de bois, ou bien en lui sciant le derrière de la tête avec la corde d'un arc tendu. Quelquefois on jette un caillou dans de l'eau bouillante et on lui ordonne de l'en retirer. On pense que, s'il est coupable, sa main se trouve endommagée. D'autres fois on met un serpent au fond d'une cruche ou vase profond, et l'on ordonne à l'accusé de le saisir pour l'en arracher, dans l'opinion que si cet accusé est coupable il ne manquera pas d'être mordu par l'animal venimeux. »

Ainsi nos ordalies du moyen âge existaient au Japon dans le VIe siècle.

Je continue de citer Ma-touan-lin :

« Un grand nombre d'hommes et de femmes ont le dos parsemé de tatouages noirs; leur visage même est souvent tatoué. Les habitants plongent dans l'eau pour pêcher. Ils ont aussi des cormorans dont le cou est entouré d'un petit anneau, et ils les dressent à pêcher pour eux du poisson. De cette façon, ils prennent en un jour plus de cent poissons. Leur naturel est simple et droit. Leurs mœurs sont policées. Les femmes sont en plus grand nombre que les hommes. Il ne se fait point de mariage entre les personnes qui portent le même nom de famille. Les garçons et les filles se marient par inclination. La nouvelle épouse, en entrant dans la maison de son mari, doit traverser un feu allumé. Ensuite elle peut se rapprocher de son époux.

« Les morts sont enfermés dans un double cercueil. Les parents et les amis viennent rendre visite au défunt, en chantant et en dansant. La femme, les enfants, les frères prennent le deuil avec de la toile blanche. Les nobles ne font les funérailles qu'au bout de trois ans. Les gens du commun choisissent un jour par le sort, et enterrent le mort aussitôt.

« Pour la musique, ils ont des luths à cinq cordes et aussi des flûtes. Ils n'avaient point d'écriture; ils gravaient seulement (certaines marques) sur du bois, et faisaient des nœuds sur des cordes; mais, pour étudier la religion de Fo, ils firent venir des livres bouddhiques par le royaume de *Pe-tsi* (en Corée), et c'est ainsi qu'ils commencèrent à connaître les caractères de l'écriture chinoise. »

La relation des ambassadeurs japonais se termine par des détails sur un volcan et sur l'histoire naturelle de leurs îles.

Ma-touan-lin ajoute :

« La troisième année (chinoise) *ta-nie* (607), le roi *To-li-sse-pi-kou* envoya encore une ambassade avec des présents. L'ambassadeur dit : Mon maître a appris que le Fils du Ciel (l'empereur de la Chine), qui est un saint de l'Occident, s'attache à propager le bouddhisme. C'est pourquoi il nous a envoyés, et avec nous quelques dizaines de religieux chargés de s'instruire dans la doctrine de Fo. »

Ce saint de l'Occident, c'était *Yang-ti*, des *Soui*, bien plus préoccupé de la guerre et de ses plaisirs que de propager la religion de Bouddha; mais le Japon, qui dès lors embrassait avec ferveur le bouddhisme, se tournait vers le pays d'où ce dogme lui était venu, comme vers la source de toute sainteté et de toute lumière. Il est curieux pour nous de noter cette introduction simultanée au Japon de l'écriture et du bouddhisme. Nous verrons bientôt que l'histoire ancienne du Japon pourrait bien s'être perdue par le fait même de la domination du bouddhisme, et cependant c'est aux écrits d'un prêtre bouddhiste que nous devons précisément aujourd'hui de la retrouver.

« La première année (chinoise) *yong-hi* de la dynastie des *Song* (984), continue plus loin Ma-touan-lin, un bonze japonais, appelé *Tao-jen*, vint, par mer, avec cinq de ses disciples, offrant des vases de cuivre de plus de dix formes différentes. Ce bonze portait des vêtements de couleur verte. Il disait se nommer de son nom de famille *Teng-youen* et être le fils d'un mandarin *Tchin-lien*, ce qui est, au Japon, le titre des mandarins du cinquième rang. Il écrivait parfaitement bien, mais il ne savait pas la langue parlée. Quand on l'interrogeait sur les choses de son pays, il répondait en écrivant. L'empereur le fit comparaître devant lui, le traita avec honneur et lui donna une robe de soie pourpre foncé. Ayant appris par ce religieux que c'était la même famille qui avait fourni tous les rois du Japon, par une continuelle hérédité de siècle en siècle, et que tous les fonctionnaires se transmettaient de même leurs fonctions de génération en génération, il dit à ses ministres : « Cette île est habitée par des barbares, et cependant un bonheur perpétuel accompagne les générations de ses rois. Des générations de ministres s'y succèdent de même, en formant une chaîne ininterrompue. C'est la doctrine des sages de l'antiquité. Dans le royaume du Milieu, le règne des

Tang a été de courte durée. Les villes qui leur obéissaient se sont divisées. Cinq dynasties, après eux, n'ont fait que passer. Il y a là de quoi s'affliger. »

« Le Japon possédait déjà beaucoup de livres (chinois). Le bonze Tao-jen y ajouta le livre *Hiao king*, ou de la piété filiale, ainsi qu'un autre ouvrage plus récent composé sous le même titre par la dame *Tching*, de la famille impériale des *Tang*. Il gardait précieusement ces deux livres avec une enveloppe de soie rouge, des attaches d'or et un rouleau de cristal. Tao-jen demanda en outre un exemplaire imprimé des prières du Tibet, que l'empereur lui fit donner. Au commencement de la seconde année (chinoise) *yong-hi* (985), cet étranger s'en retourna dans son pays sur un bateau marchand de *Ning-haï*, du département de *Taï-tcheou*, dans le *Tche-kiang*. Or, parmi les écrits que laissa Tao-jen on a conservé celui-ci..... » (Suit l'importante relation de Tao-jen qu'il suffira certainement de faire connaître pour justifier la confiance de Rémusat dans les ressources du *Ouen hien tong kao*.)

Cette relation commence par une description du Japon, la troisième que Ma-touan-lin ait recueillie pour une période de mille ans. Je ne m'y arrête pas, et j'arrive au point qui nous intéresse.

Tao-jen écrit donc : « Le nom que porte la famille régnante du Japon est *Ouang* (un nom chinois, soit dit en passant). Depuis soixante-quatre générations, cette famille occupe héréditairement le trône.

« La généalogie des souverains du Japon est établie comme ci-après :

« Le premier qui régna s'appelait *Tien-yu-tchong tchu;*

« Le second qui régna s'appelait *Tien-tsaï-yun tsun;*

« Et ensuite, tous leurs successeurs continuant de prendre le titre de *tsun* (en chinois : vénérable [1]) au lieu du titre de *tchu* (le maître), porté par le premier souverain, il y eut :

Tien-pa-tchong-yun tsun,
Tien-jin tsun,
Tan-po tsun,
Ouan-hoen tsun,
Li-tsa-hoen tsun,
Koue-hia-tchoui tsun,
Ko-kong-hoen tsun,
Tsin-tcheou tsun,
Mien-tchong-kien tsun,
Koue-tchang-li tsun,
Tien-kien tsun,
Tien-ouan tsun,
Fou-ming-tchu tsun,
Y-tchoang-ta tsun,
Sou-tsien-ou tsun,

[1] *Tsun* (尊) est un caractère chinois qui, suivant M. de Rosny, se lit en japonais ミコト *mikoto*. Ce fut la désignation honorifique des membres de la famille régnante et des grands seigneurs de la période héroïque de l'histoire du Japon. Quelques-uns d'entre eux ont également un titre de divinité, entre autres *Kasŭ-ga-daï-myô-zin*, etc.

Tien-tchao-ho-chin tsun,
Tching-tsaï-ou-chin-lien-ji-tien-ya-soui-eul tsun,
Tien-nien tsun,
Nien-lien tsun.

« En tout treize générations (et vingt-deux souverains) qui résidèrent à (ou au pays de) *Tcho-tse.* »

Je donne ici la prononciation chinoise; je reviendrai tout à l'heure sur l'identification de ce nom de lieu.

« Le quatrième fils de *Nien-lien* (le dernier des vingt-deux souverains ci-dessus mentionnés) s'appela *Chin-vou tien-hoang.* Quittant son palais de *Tcho-tse* (*Tcho-tse kong*), il s'avança dans l'intérieur et fixa sa résidence au palais de *Kiang-youen,* dans le *Ta-ho-tcheou.* La première année de son règne fut l'année *kia-yn* du trente-quatrième cycle chinois (666 av. J. C.). » A la suite de ce *Chin-vou, Sin-bou,* ou *Zin-mou,* selon les modernes Japonais, Tao-jen donne une liste des mikado ses successeurs, jusqu'à l'an 984, à peu près identique à celle que Kæmpfer nous a fait connaître, c'est-à-dire avec les mêmes centenaires, et par conséquent les mêmes lacunes. Nous aurons à nous rendre compte de cette conformité d'erreurs; mais il convient dès à présent d'aborder la question des temps antérieurs à *Chin-vou,* dont nous n'avons encore rien dit.

La chronologie adoptée jusqu'ici, qui fait commencer les temps historiques avec *Chin-vou,* place au delà de ce premier *Tien-hoang*, ou mikado, deux dynasties ou plutôt deux séries de demi-dieux, appelés *Esprits célestes* et *Esprits terrestres*, qui n'auraient pas régné moins de cent millions d'années, et dont *Chin-vou* serait descendu. Les esprits célestes sont au nombre de sept, les esprits terrestres au nombre de cinq. Les trois premiers de tous ces esprits n'eurent point d'épouses; ils engendraient par de simples émanations du chaos. Leurs successeurs prirent chacun une femme, mais la conception n'eut lieu que par une sorte de contemplation mutuelle ou par des moyens surnaturels que la dégradation des hommes ne leur permet plus de comprendre. Le septième dieu finit par se soumettre à la loi générale de l'humanité. Il en résulta la race inférieure des esprits terrestres, comprenant cinq générations, dont l'histoire fabuleuse pourrait bien renfermer des indications très-réelles. Toujours est-il que le quatrième fils du dernier de ces esprits humanisés se trouva être *Chin-vou Tien-hoang*, l'auguste par excellence, le guerrier divin, le premier des mikado.

La chronologie que nous avons entrepris de rectifier est d'accord avec celle du bonze Tao-jen pour placer le commencement du règne de *Chin-vou* ou *Zin-mou* à l'an 660 ou 666 avant J. C., variante bien minime qui s'explique d'ailleurs par un calcul dont je crois inutile d'entraver ce récit[1]; mais où la

[1] Cette date, suivant M. de Rosny, est donnée d'une manière précise dans les historiens japonais, qui sont tous d'accord à cet égard.

différence est grande entre ces deux sources de renseignements, c'est que la première arrête le point de départ des temps historiques à l'an 660, par cela même qu'elle ne nous montre au delà qu'une mythologie extravagante, tandis que la version de Tao-jen, d'autant plus précieuse qu'elle est exempte de merveilleux, nous fait connaître vingt-deux prédécesseurs de *Chin-vou*, inconnus depuis des siècles, nous dit où ils résidèrent, et recule ainsi l'histoire ancienne du Japon jusqu'à son véritable ancêtre, dont elle nous permet de retrouver tout à la fois et l'âge et le berceau.

Zin-mou, dit la chronologie des japonistes, prétendait descendre en ligne droite de *Ten-syô-daï-zin*, en chinois *Tien-tchao-ta-chin* (le grand génie *Tien-tchao*), le premier des esprits terrestres, ce qui paraissait une haute prétention quand il s'agissait d'une généalogie de 2,300,000 années, mais ce qui n'a plus rien d'invraisemblable quand on voit avec Matouan-lin que ce personnage pourrait être tout simplement son bisaïeul *Tien-tchao-ho-chin*, et n'avoir été séparé de lui que par un siècle environ.

Le bonze Tao-jen déclare que soixante-quatre générations, en tout, se sont écoulées depuis le premier de tous les princes japonais jusqu'à celui qui

L'histoire de *Zin-mou* commence à l'année *ki-no-yé-tora* (667 avant J. C.); mais ce prince ne fut proclamé empereur, dans le palais de *Kasiwa-bara*, que dans l'année *ka-no-to-no-tori*, laquelle correspond à la dix-septième année de l'empereur de Chine *Hoeï-ouang* (660 av. J. C.).

régnait en 984, époque où il écrivit sa relation; il ajoute que treize de ces soixante-quatre générations appartenaient aux vingt-deux ancêtres de *Chin-vou* qu'il a nommés, d'où il résulte que, de *Chin-vou* au mikado régnant en 984, le nombre des générations devait être de cinquante et une. Le caractère 世, *chi*, «génération,» dont il fait usage, s'entend particulièrement dans le sens de la durée moyenne d'une génération humaine, évaluée à 30 ans, selon l'interprétation du dictionnaire de *Kang-hi* ou Dictionnaire de l'Académie chinoise. Pour signifier proprement une génération de père en fils, les Chinois ont une autre expression qui est le caractère 代, *taï*. Il est aisé, d'ailleurs, de vérifier que Tao-jen a pris le caractère *chi* dans son acception d'un laps de 30 années. Il suffit pour cela de diviser par 51 l'espace de temps écoulé depuis 666 avant J. C., date précise tirée de l'histoire chinoise, jusqu'à l'an 984, époque où s'arrête la notice. Le quotient de cette division donne précisément, à deux ans près, le chiffre 51, qui sert de preuve. Maintenant, si nous employons le même calcul, en le retournant, pour apprécier le temps qui a dû s'écouler durant ces treize générations antérieures à *Chin-vou*, dont Tao-jen ne précise pas la durée; en d'autres termes, si nous multiplions le nombre 13 par le nombre 30, nous déterminerons nécessairement la date approximative à laquelle Tao-jen a entendu fixer l'avénement du premier souverain japonais.

Et remarquons, en passant, que toute discussion sur la valeur du mot *chi* serait ici sans importance, puisque nous avons employé une mesure égale pour chercher l'inconnu par le connu.

Or, le nombre 390, que nous trouvons, additionné avec le nombre 666 déjà connu, nous porte à l'an 1056 avant J. C., c'est-à-dire au règne de l'empereur chinois *Kang-ouang*, le troisième des *Tcheou*, un demi-siècle environ après l'émigration en Corée de *Ki-tse*, ce prince de la dynastie déchue des *Yn*, qui fonda le royaume de *Tchao-sien* et civilisa les peuples à moitié sauvages de sa patrie d'adoption. Ce simple rapprochement n'est-il pas remarquable et ne donne-t-il pas à penser déjà que le fondateur de la monarchie japonaise pourrait bien avoir été l'un de ces princes fuyant la Chine avec Ki-tse, à la chute de la dynastie des *Yn*, peut-être même un prince de la famille de Ki-tse, ce qui expliquerait comment les souverains du Japon ont pu compter les premiers empereurs de la Chine parmi leurs auteurs, puisque Ki-tse en descendait? Plus d'une considération vient à l'appui de cette idée, non-seulement la coïncidence des temps et l'exemple du mouvement d'émigration vers l'Orient donné par Ki-tse, mais ces noms et ces titres, évidemment chinois, portés par les premiers conquérants et introduits par eux dans la langue très-différente des indigènes. Le premier de tous se contente du titre de *tchu* (le maître); ceux qui le suivent s'appellent *tsun* (le vénérable), jusqu'au jour où, par une progression croissante, *Chin-vou* prend le titre de *tien-hoang* (l'auguste du ciel), calqué sur la dénomination de *fils du ciel*, adoptée par les empereurs chinois. *Daï* n'est autre chose que *taï* (*maximus*); le nom de *Ouang*, que Tao-jen nous dit avoir été de tout temps celui de la famille régnante, est un des cent noms primitifs de la nation chinoise. *Chin-vou* (le guerrier divin), nom significatif en chinois et parfaitement approprié à celui qui le porte, est devenu *Zin-mou* en japonais, mais sans y conserver aucun sens. Ki-tse enseigna aux Coréens l'art d'élever les vers à soie, et nous voyons, dans les récits de Ma-touan-lin, que les plus anciens Japonais dont il ait eu notion le possédèrent. L'usage chinois de porter le grand deuil en toile blanche existait dès l'antiquité dans les deux pays. Il en était de même à l'égard de la prohibition du mariage entre les familles du même nom, témoignage d'autant plus caractéristique que les peuples autochthones de la Corée, placés entre le Japon et la Chine, pratiquaient une règle toute contraire, ainsi que le *Ouen hien tong kao* en fait foi dans la notice sur le royaume de *Kao-kiu-li*. Enfin on remarquera cette hérédité instituée pour toutes les hautes charges de l'empire, à l'instar de la royauté, et cette organisation féodale qui dénote si bien les monarchies d'invasion, si je puis me servir de ce terme, c'est-à-dire celles où les conquérants créent la noblesse au profit des familles de leur race. Les institutions se perpétuent au Japon comme à la Chine; c'est encore un symptôme d'origine commune, et l'un des membres de cette Académie m'assurait qu'aujourd'hui encore une différence de type très-marquée distingue les nobles Japonais, qui ont beaucoup de ressemblance avec les Chinois, des Japonais de la classe populaire, issus de la population indigène.

L'opinion que je viens d'émettre était du reste celle de Klaproth. Il manquait de preuves suffisantes pour la consolider; il était même dans l'erreur sur un point que nous venons d'éclaircir. Cependant il écrivait : «De *Sin-bou* ou *Zin-mou*, le guerrier divin, qui est regardé comme le fondateur de la monarchie japonaise, descend la famille des *Daïri;* son nom indique un conquérant étranger. *Zin-mou* était vraisemblablement d'origine chinoise; cette conjecture paraît d'autant plus fondée que les Japonais ne savent rien des événements qui, dans leur patrie, ont précédé l'arrivée de *Zin-mou*, et qu'ils remplissent le vide entre lui et la dynastie fabuleuse des demi-dieux par les noms des premiers empereurs de la Chine. Ceux des anciens *daïris* sont aussi chinois, et non pas japonais, comme cela aurait dû être si leur famille avait été indigène.»

Si les documents consultés par Klaproth, documents relativement assez modernes, ont intercalé des empereurs chinois entre *Chin-vou* et ses ancêtres immédiats, c'est sans doute parce qu'après avoir inventé les demi-dieux il fallut bien leur accorder la première place; mais l'identification des localités de *Ta-ho-tcheou*, où *Chin-vou* transporta le siége de son empire, et du pays de *Tcho-tse*, où Tao-jen nous apprend que les prédécesseurs de *Chin-vou* avaient fixé d'abord leur résidence, achèvera, je crois, de nous éclairer sur l'origine de la monarchie japonaise. Les présomptions qui atteignent un certain degré de probabilité ne sont pas loin de se changer en certitude.

C'est ici l'occasion de signaler un fait curieux dont j'ai dû la connaissance à la recherche de ces résidences japonaises. Les noms des villes et des divisions territoriales du Japon sont exactement aujourd'hui ce qu'ils étaient au xe siècle de notre ère, sinon pour la prononciation, qui échappe à mon examen, du moins pour leur forme écrite. Tao-jen, à la suite de sa chronologie, donne aussi, dans cette précieuse notice conservée par Ma-touan-lin, une description géographique et statistique du Japon de son temps. Or, toutes les divisions qu'il indique et tous les caractères chinois dont il se sert pour sa nomenclature sont identiquement reproduits sur une carte moderne du Japon, dressée et imprimée par les Japonais. Il ne reste plus, comme on le voit, qu'une vérification des plus simples à faire. Je cherche sur ma carte, et je constate tout d'abord que le *Ta-ho-tcheou*, cette région où *Chin-vou* alla s'établir en pénétrant à l'intérieur et après avoir quitté la résidence de ses pères, suivant les expressions de Tao-jen, c'est la province de *Yama-to*, dans la grande île de Nippon où se trouve encore aujourd'hui la capitale du Japon. M. de Rosny m'apprend, en outre, que le palais désigné dans la relation de Tao-jen par les deux caractères qui se prononcent en chinois *Kiang-youen*, et en japonais *Kasiwa-bara*, figure dans les annales japonaises comme ayant été le palais de *Zin-mou*, le premier des mikado. Une concordance parfaite est donc établie sur ce point-là. Mais d'où venait *Zin-mou?* Dans quelle contrée avaient résidé ces vingt-deux ancêtres que nous retrouvons? Où était, en un mot, ce pays de *Tcho-tse* qui renfermait leur palais[1]? Ma carte me le fait voir à l'instant. C'est la partie septentrionale de l'île de *Kiou-siou*, située juste en face des côtes de la Corée, au-dessus de la ville actuelle de Nagasaki, à l'endroit précisément où les îles de *Iki* et de *Tsou-sima* semblent tracer un passage à travers le détroit qui sépare la mer de Chine de la mer du Japon.

Toutes les probabilités ne sont-elles pas réunies pour nous indiquer que le véritable fondateur de l'empire du Japon est arrivé par la Corée, qu'il ne pouvait être Coréen cependant, puisqu'à l'époque de Ki-tse, dont il fut presque le contemporain, les Coréens étaient encore un peuple primitif incapable de rien entreprendre contre ses voisins; qu'il devait donc, selon toute apparence, appartenir à la race chinoise, comme le civilisateur de la Corée qui vient d'être nommé; que lui et les siens s'éta-

[1] En chinois : 筑紫, ce qui répond au japonais *tsikŭ-si*, suivant M. de Rosny.

blirent d'abord dans l'île de *Kiou-siou*, la première île considérable qu'ils aient rencontrée; qu'ils en soumirent les habitants, y jetèrent les bases d'une civilisation beaucoup plus forte que celle des populations indigènes de l'archipel japonais, et qu'ils y demeurèrent jusqu'au jour où leur descendant *Chin-vou*, franchissant à son tour le détroit qui le séparait de l'île de Nippon, conquit cette île en partie, transféra le siége de son empire dans la province de *Yama-to*, et mérita ainsi ce surnom de *guerrier auguste* sous lequel s'est perpétué son souvenir?

Chin-vou était bien, du reste, le plus jeune de quatre frères, suivant Tao-jen, comme selon la chronologie des japonistes; mais Tao-jen ne dit point que ses trois frères aient régné avant lui, et il le fait connaître pour le propre fils de *Nien-lien tsun*, le dernier des vingt-deux souverains qui résidèrent dans l'île de *Kiou-siou*, et dont les règnes ne furent point, remarquons-le, de bien longue durée, puisqu'ils ne remplirent tous ensemble qu'une période de 13 *chi* ou 13 fois 30 ans, ce qui suppose une moyenne de dix-sept ans pour chacun d'eux.

La chronologie fabuleuse ne compte que douze demi-dieux, dont les cinq derniers sont faciles à reconnaître pour les cinq derniers princes de la liste de Tao-jen antérieurs à *Chin-vou*. Tout en divinisant les ancêtres du premier mikado, la fable a donc perdu la notion de dix d'entre eux, et notamment des plus anciens. Les sept premiers sont oubliés, l'ordre de ceux qui suivent est interverti;

le douzième ancêtre, selon Tao-jen, *Koue-tchang-li tsun* (en japonais : *Kouni-toko-tatsi-no mikoto*), est devenu le premier des esprits célestes, tandis que le huitième, *Koue-hia-tchoai tsun*, est relégué au second rang. Les noms que l'on reconnaît sont déjà profondément altérés. Tout indique une distance très-marquée entre ces deux documents. Or, la relation de Tao-jen appartenant à la fin du xe siècle, on peut considérer comme relativement très-modernes les inventions mythologiques substituées par les Japonais eux-mêmes aux traditions historiques de leur pays.

Une mythologie nationale n'a rien assurément qui surprenne, alors qu'un peuple primitif divinise des ancêtres perdus dans la nuit de son berceau. Ainsi firent les Chinois pour les prédécesseurs de *Yao* et de *Chun*. Mais il est plus étonnant de voir qu'un tel fait se produise après deux mille ans d'histoire véritable, et de découvrir ensuite des documents authentiques antérieurs à l'époque où l'obscurité a remplacé le jour. A ce point de vue, les écrits que nous a conservés Ma-touan-lin me semblent mériter un double intérêt.

Si nous voulons maintenant nous rendre compte des phases par lesquelles a dû passer le Japon pour dénaturer ainsi sa propre histoire, c'est encore ce même Ma-touan-lin qui se chargera de nous éclairer. Je citais tout à l'heure la relation de l'ambassade envoyée à la cour de Chine en 607 par l'empereur du Japon *Ngo-meï*, qui déjà se montrait sectateur fervent de la religion de Bouddha. Plus on avance, et plus l'influence croissante du bouddhisme se manifeste clairement. A partir de l'époque où Tao-jen est accueilli par l'empereur *Taï-tsong*, les envois officiels de prêtres bouddhistes allant étudier la doctrine sur le continent se multiplient sans relâche. Tous les bonzes sont des lettrés et tous les lettrés sont des bonzes. Bientôt les ambassadeurs japonais ne sont plus que des prêtres de Bouddha, revêtus d'ailleurs des plus hautes dignités de leur empire. Ce dernier fait est consigné par Ma-touan-lin, à la date de 1072, et le *Ouen hien tong kao*, qui s'arrête à la fin du XIIe siècle, nous laisse entrevoir le règne japonais du bouddhisme dans toute la puissance de son extension.

Ne semblera-t-il pas très-vraisemblable que ces bonzes tout-puissants, amis du merveilleux et désireux d'intéresser l'orgueil de leurs princes au triomphe des fables qu'ils propageaient, ont dû imaginer graduellement la fameuse chronologie des esprits célestes et terrestres, puis, dépositaires uniques de l'instruction, à peu près comme le furent nos moines du moyen âge, léguer aux générations suivantes ce corps d'histoire artificiel, le seul que Kæmpfer et Siebold aient pu recueillir? Déjà, du temps de Tao-jen, trois mikado des siècles précédents avaient été déifiés par les bonzes, qui avaient su accommoder leurs dogmes à ces actes de haute politique. La chronologie le mentionne, et rapporte les noms posthumes qui leur avaient été décernés.

Le fait en lui-même a son éloquence d'induction, et les noms sous lesquels ces souverains divinisés furent honorés «par l'encens et la cloche,» suivant l'expression littérale du texte, mériteront d'être comparés à ceux de la grande dynastie des douze demi-dieux. Je n'oserais émettre un jugement sur les premiers rapprochements que j'ai pu faire à cet égard, mais je signalerai du moins cet examen comme me paraissant de nature à confirmer l'opinion que je viens d'exposer. Siebold pensait que les Japonais avaient dû posséder autrefois de véritables traditions historiques. Les écrits de Tao-jen en sont la preuve. Ce qui me semble difficile à supposer, c'est que les lettrés japonais de nos jours n'aient point su, comme moi, consulter Ma-touan-lin et y découvrir la vérité; mais le père Cibot a dit aussi quelque part qu'un lettré chinois assez hardi pour mettre en suspicion l'autorité des livres sacrés risquerait très-fort de se faire couper la tête, et rien ne démontre absolument qu'il n'en soit peut-être pas de même au Japon.

Quant à l'époque de l'introduction du bouddhisme dans l'empire japonais, où son influence devait être si forte, Ma-touan-lin ne laisse pas de contredire Tao-jen par les documents mêmes qu'il nous fournit. L'écrivain chinois, qui ne tronque jamais un texte, prend soin de rapporter *in extenso* celui du bonze japonais mentionnant l'introduction du culte de Fo au Japon la première année *tching-ching* des *Liang* (552 de notre ère), après avoir signalé l'acquisition de l'écriture chinoise par les Japonais comme un fait accompli deux siècles et demi auparavant. Mais le *Ouen hien tong kao* met en regard de cette assertion une autre assertion non moins autorisée, c'est le discours des ambassadeurs japonais de l'an 601, que nous avons vu, et dans lequel il est dit en propres termes : « Autrefois les Japonais n'avaient point d'écriture; ils gravaient seulement (certaines marques) sur du bois, et faisaient des nœuds sur des cordes. Pour étudier la religion de Fo, ils firent venir par le *Pe-tsi* des livres bouddhiques, et c'est ainsi qu'ils commencèrent à connaître les caractères de l'écriture chinoise. » Cette version explique donc l'introduction de l'écriture au Japon par le fait même de l'introduction du bouddhisme, en assignant une date commune à ce double événement. La déclaration si précise des ambassadeurs japonais de l'an 601 inspire tout d'abord plus de confiance que les renseignements donnés quatre cents ans plus tard par Tao-jen, comme une simple mention insérée dans sa chronologie des souverains. Je crois, du reste, qu'il n'est pas impossible de concilier ces contradictions apparentes, au moyen de quelques observations tirées des documents que nous possédons. D'accord avec la chronologie de Kæmpfer, Tao-jen rapporte qu'en 586 un fils de l'empereur régnant du Japon expliquait les livres de Fo dans les temples. Des temples existaient donc, les livres de Fo étaient déjà répandus, et l'héritier du trône se faisait lui-même leur interprète. Ces circonstances, rapprochées des déclarations de l'ambassade de 601, me semblent dénoter une religion florissante, sur laquelle il a passé plus de trente ans. D'autre part, les chroniques traditionnelles du Japon parlent d'une persécution dirigée contre le bouddhisme dans les premiers temps de son introduction. Une grande résistance lui aurait été opposée par les hauts seigneurs de l'empire. Le premier temple édifié aurait été détruit et l'image de Bouddha jetée dans une rivière. Tout cela n'a pu s'accomplir rapidement. L'étude et la pratique d'une écriture aussi difficile que l'écriture chinoise n'ont dû progresser non plus qu'avec une extrême lenteur.

J'imagine donc que la prétendue introduction du bouddhisme en 552 n'a été qu'une sorte de consécration solennelle, ou acceptation comme religion d'État d'un culte militant depuis trois siècles, que ce culte ayant apporté l'écriture, l'écriture aura conservé longtemps son caractère d'instrument sacré avant de servir à l'histoire, et qu'on peut s'expliquer ainsi les lacunes des chronologies jusqu'à la fin de ce VIe siècle, à partir duquel il y a concordance parfaite entre les documents japonais et les documents chinois.

Dans un mémoire d'une étendue nécessairement limitée, je ne saurais passer en revue et commenter tous les sujets que Ma-touan-lin aborde avec la même précision de détails. Je résumerai toutefois les principaux :

Pour la géographie historique, on trouve chez lui, comme élément d'étude, une description du Japon au IIIe siècle de notre ère, comprenant l'énumération d'un certain nombre de petits États qui reconnaissaient la suzeraineté du mikado, et aussi de quelques autres qui se maintenaient indépendants. Leur étendue et leur population sont évaluées; leur situation relative est indiquée.

L'histoire des relations commerciales et de la navigation dans les mers de l'extrême Orient est éclairée par une infinité de renseignements sur les différentes routes maritimes suivies à diverses époques, sur les premiers voyages de long cours, sur la direction des courants qui emportaient les navires chinois et japonais, sur la politique des empereurs de la Chine à l'égard des naufragés, etc.

Une importante question de statistique, qui sert à contrôler tant de points douteux, celle du chiffre de la population à certaines phases de la vie d'un peuple, est traitée dans le *Ouen hien tong kao* d'une manière d'autant plus intéressante qu'il en ressort la rectification d'une erreur énorme, échappée à Klaproth dans ses Tableaux historiques de l'Asie, par la base même de ses calculs. Cette erreur, dont la proportion est celle de 1 à 100, pourrait s'étendre à tous les recensements tirés des sources chinoises, car elle provient de la fausse interprétation d'une expression technique. Quelques mots à ce sujet ne seront donc pas inutiles.

La description géographique du Japon au

IIIe siècle de notre ère, dont je parlais tout à l'heure, contient, indépendamment des renseignements sur l'étendue et le gouvernement des petits royaumes du Japon, une estimation du chiffre de la population d'une dizaine d'entre eux, parmi lesquels celui de *Yama-to*, qui obéissait directement à l'autorité du mikado. Il y est dit que ce royaume formait à lui seul au moins la dixième partie de la nation tout entière, et qu'il renfermait alors plus de 70,000 *hou*, littéralement *portes* ou *habitations*, en d'autres termes 70,000 feux, ou familles, ce qui pouvait représenter environ 700,000 âmes, ainsi qu'il sera démontré plus loin. Mais si l'on adoptait le sens que Klaproth a cru pouvoir donner au caractère *hou* (戶), dans ses notices sur la Corée, en le traduisant par *cent familles*, on trouverait ici, pour le seul royaume de *Yama-to*, 70 millions d'âmes, ce qui en supposerait 7 à 800 millions pour l'ensemble du Japon !

On a peine à comprendre comment Klaproth a été conduit à donner cette valeur étrange au caractère *hou*, sans qu'aucun dictionnaire chinois la justifie, et alors que sa signification littérale, une *porte*, indique si bien une réunion d'individus placés, en quelque sorte, sous la même clef, en un mot l'ensemble d'une famille dans l'acception du mot latin *familia*. Peut-être a-t-il été trompé par quelque faute d'impression ou de ponctuation, comme il s'en rencontre trop souvent dans les livres chinois. Toujours est-il que cette base de ses calculs ne donnerait pas des chiffres moins surprenants pour la Corée que pour le Japon. On arriverait, en ce qui la concerne, au total *minimum* de 250 à 260 millions d'habitants, par l'addition des *hou* des diverses tribus qui la peuplaient aux premiers siècles de notre ère.

Une erreur manifeste est déjà démontrée par de tels résultats; mais comme toute rectification demande des preuves positives, voici deux documents qui rempliront cet office. L'un fait partie de cette fameuse relation du bonze Tao-jen, tant de fois citée; l'autre est extrait du travail sur la Corée que je prépare en ce moment.

La huitième année (chinoise) *ta-tchong-siang-fou* (1016), des ambassadeurs du roi de *Kao-li*, qui régnait dès lors sur toute la Corée, vinrent rendre visite à la cour de Chine. Interrogés, selon la coutume chinoise, les ambassadeurs donnèrent les renseignements suivants : La capitale de leur pays, avec ses dépendances, renfermait 3 à 4,000 *hou*. Le royaume possédait, en outre, un peu plus de 100 villes du second ordre, chefs-lieux d'autant de départements. Les plus grands de ces départements comprenaient 5 ou 6 subdivisions, les plus petits en contenaient au moins 3 ou 4. Chaque subdivision comptait 3 ou 400 *hou*. La moyenne qui ressort de ces chiffres permet de supposer 200,000 *hou*, nombre total.

Un siècle plus tard, au commencement du règne de l'empereur *Kao-tsong*, c'est-à-dire vers l'an 1127, d'autres ambassadeurs coréens s'expriment d'une manière plus explicite : « La population de la Corée, disent-ils, est, en tout, de 2,100,000 bouches, y compris les soldats et les bonzes. »

Sauf les modifications légères que le cours d'un siècle pouvait avoir produites, le *hou* représentait donc environ dix bouches ou êtres vivants.

Ce chiffre semblera peut-être un peu fort, au premier abord, étant donné que le *hou* n'est autre chose qu'un feu, ou famille; mais la petite phrase incidente «y compris les soldats et les bonzes» paraît indiquer que ce double élément de population formait ordinairement un surcroît hors cadre, dont il y avait lieu de tenir compte, et d'autre part, on trouve dans les annales chinoises des tableaux statistiques établissant qu'on n'est pas au-dessus de la vérité quand on fixe à dix personnes, en moyenne, le contingent probable d'une famille orientale.

Trois recensements des populations agricoles de la Chine, opérés en 1370, en 1502 et en 1542, par familles et par têtes, mais en ne comptant que les personnes âgées de plus de 15 et de moins de 60 ans, offrent les proportions suivantes :

En 1370 : 10,652,790 familles, ou 60,545,812 individus.

En 1502 : 9,691,548 familles, ou 61,116,375 individus.

En 1542 : 9,972,320 familles, ou 62,530,195 individus.

Au total, en négligeant les fractions, 30 millions de familles, représentant 184 millions d'habitants, soit 6 personnes un tiers par famille, non compris la masse des individus au-dessous de 15 ans et au-dessus de 60, qui dans nos statistiques européennes figurent pour $\frac{2}{5}$, approximativement.

Arrivons maintenant à notre dernière citation de Tao-jen : « Le Japon, écrit-il à la fin de sa notice, contient, en résumé, 3,772 villes, 414 relais de poste, et 883,329 personnes payant l'impôt. Quant aux personnes qui ne payent pas l'impôt, on ne saurait en déterminer le nombre exactement. »

Le nombre des personnes soumises à la capitation a dû varier au Japon, comme dans le reste du monde. Les femmes, les enfants, les vieillards, les princes, les mandarins, les soldats, les bonzes ont pu en être exemptés, et la difficulté qu'éprouvait Tao-jen de déterminer à quelle somme totale d'individus ce chiffre de 883,329 contribuables pouvait correspondre serait pour nous bien plus grande encore. On remarquera toutefois que pour évaluer seulement la population du Japon contemporaine de Tao-jen au chiffre de 14 millions d'âmes, il faudrait qu'il ne se fût pas trouvé, dans l'État, une personne sur 15 payant l'impôt. Si nous supposions, au contraire, que l'évaluation de la population par *hou*, qui devait reposer sur quelque base, avait précisément pour base le nombre des chefs de famille soumis à la taxe, nous serions ramenés au calcul approximatif de notre multiplication par dix, et la population du Japon, après avoir été de 6 à 7 millions d'habitants au IIIe siècle de notre ère, alors que les 70,000 *hou* du royaume de *Yama-to* étaient regardées comme plus du dixième de la population totale, aurait atteint le chiffre de 9 millions, en l'an 984. Les livres de Matouan-lin qui me restent à dépouiller et qui contiennent des recensements analogues m'aideront, un jour ou l'autre, à élucider complétement celui-ci.

Je me suis attaché surtout, dans ce mémoire, à présenter des documents nouveaux, appuyés sur des indications précises. Je laisse donc les conjectures et je termine en résumant les faits qui me semblent acquis :

I. C'est à tort que l'on a considéré et que les Japonais considèrent encore aujourd'hui *Chin-vou* ou *Zin-mou* comme le plus ancien souverain historique de la nation japonaise, en fixant ainsi à l'an 660 ou 666 avant J. C., date de l'avénement de ce personnage, l'époque la plus ancienne à laquelle il soit possible de remonter.

Chin-vou ou *Zin-mou* n'était que le 23e souverain d'une dynastie qui régnait déjà depuis quatre siècles.

C'est donc à la première moitié du XIe siècle avant J. C. (vers 1056) qu'il convient de reculer le point de départ de l'histoire ancienne du Japon.

II. Les vingt-deux prédécesseurs de *Chin-vou* résidaient dans l'île de *Kiou-siou* et dans la province appelée en chinois *Tcho-tse*, en face des côtes de la Corée.

III. *Chin-vou* fut le premier qui transféra le siége de son empire dans l'île de Nippon et qui fixa sa résidence au cœur de la province de *Yama-to.*

IV. Les prédécesseurs de ce prince conquérant s'étaient contentés du titre de *tchu*, puis de celui de *tsun*, dénominations chinoises que l'on pourrait assimiler à celles de seigneur et de prince. *Chin-vou* fut le premier qui s'appela *Tien-hoang*, *Auguste du ciel*, ou Mikado.

V. La dynastie des douze demi-dieux que la mythologie japonaise donne pour ancêtres à *Chin-vou* a tiré son origine des vingt-deux souverains, ses prédécesseurs réels. Le nombre des demi-dieux est à peu près moitié moindre que celui des anciens rois dont nous retrouvons la trace; mais cinq de leurs noms, qui sont restés les mêmes, permettent parfaitement de les identifier.

VI. De *Chin-vou* à *Jin-te*, c'est-à-dire de l'an 666 avant J. C. à l'an 399 de notre ère, la chronologie japonaise acceptée jusqu'à ce jour offre une série de princes plus ou moins centenaires qui sont censés avoir régné un nombre trop considérable d'années, puisqu'ils ne sont que dix-sept pour remplir une période de 1,065 ans.

Cette anomalie se trouve expliquée par les témoignages de Ma-touan-lin. Un certain nombre de souverains avaient été oubliés dans l'histoire. Nous en retrouvons six jusqu'à présent, entre le IIIe et le VIIe siècle de notre ère, et il est probable que le nombre de ceux qui restent à retrouver sera plus considérable encore.

VII. Il résulte de la relation du bonze Tao-jen, écrite à la fin du Xe siècle de notre ère, que la mémoire des plus anciens souverains du Japon n'était pas encore perdue à cette époque, et que l'on n'avait pas encore remplacé la tradition historique de leurs règnes par des créations mythologiques.

Les documents sur lesquels repose l'histoire du Japon, telle que les Japonais l'écrivent aujourd'hui, sont donc relativement très-modernes.

VIII. Les noms géographiques des villes et des divisions territoriales du Japon, donnés en caractères chinois par le bonze japonais Tao-jen, l'an 984, et presque tous significatifs, n'ont pas subi la moindre transformation jusqu'à ce jour. Ils sont identiquement reproduits sur une carte japonaise toute récente, les Japonais continuant à se servir de caractères chinois pour cet usage, sauf à les prononcer d'une manière qui leur est propre.

C'est un fait dont je m'abstiens momentanément de tirer aucune conséquence, mais dont il me paraît intéressant de prendre note.

IX. La population de la province ou royaume de *Yama-to* était, au IIIe siècle de notre ère, de 70,000 *hou*, expression qui doit être regardée comme signifiant *feu* ou *famille*.

X. Un recensement de la population totale du

Japon, dans la seconde moitié du xe siècle, portait à 883,329 le nombre des habitants payant l'impôt.

Au moment de mettre sous presse, je reçois de M. de Rosny la communication d'un fait précieux à consigner à la suite de ce mémoire. M. de Rosny m'écrit qu'il vient de trouver dans les annales du Japon la mention d'une destruction des archives de cet empire, à une époque reculée, et de leur reconstruction, plus ou moins fidèle, par les ordres du souverain qui régnait alors. L'indication précise d'un tel fait rehausserait extraordinairement la valeur des documents authentiques de source chinoise, en ce qui concerne l'histoire du Japon dans l'antiquité, et je regrette seulement que M. de Rosny n'ait pu m'adresser assez promptement pour l'insérer ici la traduction qu'il m'en promet.

H. S. D.

www.ingramcontent.com/pod-product-compliance
Lightning Source LLC
LaVergne TN
LVHW020930230826
846091LV00005BA/2018

* 9 7 8 2 0 1 1 7 8 0 9 3 5 *